AF373773

PROJET

POUR

LA CRÉATION

D'UNE

BANQUE IMMOBILIÈRE.

Paris.

TYPOGRAPHIE ET LITHOGRAPHIE DE A. APPERT,

PASSAGE DU CAIRE, 54.

—

1848.

PROJET

POUR

LA MOBILISATION DES IMMEUBLES

ET LA CRÉATION D'UNE BANQUE IMMOBILIÈRE

Autorisée à émettre des Billets au Porteur

ayant cours forcé.

Tout le monde est d'accord sur l'utilité de la mobilisation de la propriété immobilière, et sur les avantages qui en résulteraient pour l'agriculture, l'industrie et le commerce. La grande difficulté pour arriver à cette mobilisation, c'est de donner au papier représentant la propriété territoriale une valeur certaine, réalisable, ayant cours forcé sans aucune analogie avec les assignats de funeste mémoire.

Plusieurs projets ont été soumis au public, et une société de propriétaires s'est formée pour obtenir du Gouvernement qu'il se fît lui-même prêteur en avançant sur hypothèque, à l'intérêt de trois pour cent par an, en billets au porteur ayant cours forcé, jusqu'à concurrence des deux tiers de la valeur des immeubles.

Les membres de cette société n'ont examiné la question que sous le point de vue des avantages que les propriétaires et le commerce trouveront dans l'adoption du projet qu'ils ont rédigé ; ils ne se sont pas assez rendu compte des difficultés et des inconvénients de la mise à exécution de leur projet.

Le Gouvernement trouverait dans l'exécution de ce projet un revenu de trente millions, si les sommes par lui prêtées s'élèvent à un milliard, et en outre, il est certain que les capitaux qui seront remboursés au moyen de la création d'un milliard, plus ou moins, en billets de la Banque immobilière, ne resteront pas inactifs entre les mains des anciens prêteurs sur hypothèque ; ceux-ci en chercheront de suite l'emploi, soit dans des spéculations industrielles et commerciales, soit en acquisitions de rentes et immeubles, dont le prix s'élèvera immédiatement. Les fonds provenant du remboursement des prêts hypothécaires viendront remplacer la circulation des effets de commerce et de Banque suspendue par le défaut de confiance et la réduction des fortunes mobilières.

Je dis un milliard, plus ou moins, parce que je ne partage pas les illusions des membres de la Société centrale des propriétaires. Je ne crois pas que l'on trouve de suite l'emploi de plusieurs milliards ; les prêts viendront successivement au fur et à mesure de l'échéance des obligations hypothécaires, car je ne reconnais pas à l'État, ni même à l'Assemblée Nationale élue par le vote universel, le droit de détruire les contrats souscrits légalement entre particuliers, et par conséquent d'autoriser les remboursements avant les époques fixées par les obligations.

La Société centrale des propriétaires demande :

1° Que le Gouvernement se rende lui-même prêteur par l'entremise des receveurs-généraux et des receveurs-particuliers.

2° La création de billets au porteur qui se renouvellent successivement, *dont le remboursement ne pourra être exigé à aucune époque.*

3° Le prêt des deux tiers de la valeur des immeubles donnés en garantie.

4° Que le prêt soit fait *pour une époque indéterminée*, et en conséquence l'abrogation de l'art. 2148 du Code civil.

5° Que l'estimation de l'immeuble soit faite par un jury, sous la présidence du juge de paix.

6° Que l'intérêt soit réduit à trois pour cent *au profit de l'Etat*, et recouvré par les percepteurs de la même manière que les contributions ordinaires.

7° Qu'il soit retenu à l'emprunteur un dixième du montant du prêt pour lequel il lui sera remis une inscription cinq pour cent au pair.

Il n'est rien dit quant au droit d'enregistrement de 1 p. 0/0 que l'État perçoit actuellement sur les prêts hypothécaires et les transports de créances. Probablement les auteurs du projet entendent que ce droit sera supprimé pour les prêts faits par l'État.

Voici les objections qui se présentent :

1° Si l'État lui-même est prêteur, et s'il donne pour le montant du prêt ses propres billets ayant cours forcé, quelle garantie aura la personne qui aura été forcée de prendre les billets de l'État en paiement d'une vente, d'un salaire, ou d'un travail quelconque ?

Elle aura pour garantie les propriétés immobilières hypothéquées au profit de l'État, direz-vous. Oui ; mais comment exercera-t-elle son recours sur ces propriétés ?

Peut-on poursuivre l'État, se mettre à son lieu et place, et lui faire faire ce qu'il ne veut ou ne croit pas devoir faire ?

S'il plaît à l'Assemblée Nationale, ou à tout autre pouvoir suprême, de décréter que les billets au porteur représentant les hypothèques souscrites au profit de l'État, n'auront plus un cours

possible d'en dresser un rôle à l'avance, comme pour les contributions directes.

7° La retenue d'un dixième du montant du prêt, en échange
d'une inscription de rente cinq pour cent au pair, serait une mesure trop onéreuse pour l'emprunteur au cours actuel des fonds
publics, et produirait à l'État un avantage trop peu important pour
maintenir cette proposition.

Enfin, quant au droit d'enregistrement sur les prêts hypothécaires, c'est une branche importante du revenu public : en le
supprimant, ce serait détruire en partie l'avantage résultant pour
l'État des intérêts qu'on propose de lui attribuer.

Pour atteindre le but que se propose la Société centrale, je crois
que son projet devrait recevoir les modifications suivantes :

1° Au lieu de demander le prêt à l'État directement, il faut
demander l'établissement d'une Banque immobilière, sous la pro-
tection du Gouvernement, mais indépendante, formée d'actionnaires, dirigée par des administrateurs nommés par les actionnaires, avec un gouverneur à la nomination du Gouvernement,
comme pour la Banque de France, et enfin ayant un capital social
pour la garantie de ses opérations.

2° La Société sera constituée pour quinze ans.

3° La Banque immobilière sera autorisée à émettre des billets
au porteur, ayant cours forcé, jusqu'à concurrence d'abord de
six cents millions ; puis, cette première somme employée, elle
pourra continuer successivement, avec l'autorisation spéciale du
chef du Gouvernement, l'émission des billets au porteur jusqu'à un
milliard, sous la condition de se constituer un capital d'un vingtième
en rente 3 p. 0/0 sur l'Etat et en espèces ; savoir : un sixième en
espèces, et les cinq autres sixièmes en rentes 3 p. 0/0.

4° Les billets de la Banque immobilière seront remboursables,
en cinq années, à partir du commencement de la onzième année,

dans les proportions déterminées par le conseil d'administration, mais de façon à ce que tous les billets soient remboursés au bout de la quinzième année.

5° La Banque prêtera sur hypothèque, en ses billets au porteur, la moitié de la valeur des immeubles affectés à l'hypothèque.

6° La Banque prêtera, pour un temps qui ne pourra être moindre d'un an ni plus long que cinq ans, sauf renouvellement, mais toujours sans dépasser l'expiration des quinze années de la Société.

Elle cessera ses prêts à la fin de la dixième année, pour s'occuper uniquement de sa liquidation.

7° Les demandes d'emprunt seront faites à la Banque par l'entremise des notaires.

Le notaire qui fera la demande fera l'obligation au profit de la Banque.

L'acte sera enregistré et transcrit au bureau des hypothèques.

Les frais d'obligation seront à la charge de l'emprunteur, qui tiendra compte en sus à la Banque de 1|2 p. 0/0 pour frais d'administration.

8° Les immeubles seront estimés par des experts désignés par le conseil d'administration de la Banque et responsables.

9° Les sommes prêtées porteront intérêt à raison de 3 p. 0/0 l'an.

Les cinq sixièmes, soit 2 1|2 p. 0/0, seront versés par la Banque, après recouvrement, au trésor public, pour la part de l'État dans les intérêts.

10° L'emprunteur souscrira, lors du prêt, des billets au profit de la Banque pour les intérêts, pour en faciliter le recouvrement. Ces billets seront dispensés du timbre.

11° Les immeubles hypothéqués seront spécialement affectés au remboursement des billets au porteur de la Banque immobilière, ainsi que son capital social, lequel sera destiné à répondre des pertes qui pourraient résulter de mauvaises estimations ou de la dépréciation des immeubles hypothéqués.

12° Les bénéfices des actionnaires de la Banque immobilière se composeront de la retenue d'un sixième des intérêts et du droit de 1|2 p. 10/0 qu'elle prélèvera sur chaque prêt pour frais d'administration ; sur ce bénéfice, on prélèvera tous les frais, déboursés et pertes à la charge de la Banque.

13° **La banque établira des succursales dans tous les chefs-lieux de département et d'arrondissement.**

14° Le fonds social d'un vingtième, pour la première émission de billets au porteur, fixé à 600 millions, sera de 30 millions, soit :

En espèces , pour subvenir aux frais d'installation. . . . . 5,000,000 fr.

En rentes 3 p. 0/0 achetées au cours de la Bourse.. 25,000,000

Total, ... 30,000,000 fr.

Ce fonds social sera fourni de la manière suivante :

1° Par l'Etat en numéraire le quart des 5 millions   1,250,000 fr.

2° Par les fondateurs de la Banque 3 quarts .   3,750,000

Ensemble. 5,000,000

3° Par une retenue de 5 p. 0/0 sur les premiers prêts jusqu'à ce que le capital soit complété ; laquelle retenue sera immédiatement convertie en rentes 3 p. 0/0 au nom de la Banque, ci. 25,000,000

Total. . . . . . 30,000,000 fr.

15° Il sera délivré, pour la retenue de 5 p. 0/0, un titre nominatif et *négociable*, donnant droit à une part proportionnelle dans le capital et les bénéfices de la Société.

En cas d'insuffisance de la somme retenue pour former une action, il sera délivré une promesse provisoire jusqu'à réunion à une autre promesse pour compléter une action.

16° Il ne pourra être formé une nouvelle Société ayant les mêmes attributions que la Banque immobilière, que dans la dixième année de son existence.

Si la Banque immobilière obtient l'autorisation de continuer ses opérations pour une nouvelle période de quinze années, à partir de l'expiration de la dixième année de son existence, elle devra néanmoins liquider complètement son ancienne Société et retirer entièrement de la circulation les billets émis dans la première période de ses opérations.

Le nouveau projet ci-dessus me paraît pouvoir être mis à exécution, en réduisant, si l'on craint les conséquences d'une trop grande émission de billets au porteur, l'autorisation à deux ou trois cent millions, sauf à l'augmenter si la Banque immobilière fonctionne sans danger pour le crédit public.

Les modifications que je propose au projet de MM. les membres de la Société centrale immobilière n'obtiendront probablement pas leur approbation.

Ils trouveront l'intervention d'une Société inutile, l'émission de six cent millions de billets trop restreinte, qu'il ne suffit pas de prêter la moitié de la valeur des immeubles, que l'emprunteur ne doit payer que 3 p. 0|0 d'intérêts sans aucun frais ni droit d'enregistrement, etc. Je répondrai qu'il ne faut vouloir que le possible, et que, quand on veut trop, on n'obtient rien. Trouver de l'argent à 3 p. 0/0 par hypothèque, sur un gage d'une valeur double, lorsque maintenant on ne peut pas même s'en procurer à 6 p. 0/0 sur un immeuble valant quatre ou cinq fois le montant du prêt, serait obtenir, il me semble, un très beau résultat.

Paris, le 6 août 1848.

L. THÉROUENNE DELARBRE,

N° 2, passage Violet, rue Hauteville, N° 29.

BANQUE IMMOBILIÈRE.

PROJET DE SOCIÉTÉ.

Formation de la Société, Durée, Objet, etc.

La Société sera anonyme et par actions nominatives.

Elle sera régie par un gouverneur nommé par le Gouvernement, et dirigée par des administrateurs nommés par les actionnaires.

Elle sera formée pour quinze années.

Elle aura pour objet de prêter sur hypothèques jusqu'à concurrence de moitié de la valeur des immeubles, à l'intérêt de 3 p. 0/0 par an.

Elle sera autorisée à émettre pour six cents millions de billets au porteur ayant cours forcé, qui seront donnés en paiement aux emprunteurs.

Cette émission pourra être portée à un milliard avec l'autorisation du chef de l'État.

A cause de l'autorisation d'émettre des billets au porteur ayant cours forcé, l'État aura droit au 5/6 des intérêts payés par les emprunteurs.

Le capital social destiné à répondre de la gestion de la Société sera d'un vingtième du montant des billets au porteur, dont l'émission aura été autorisée.

Le siège de la Société sera à Paris. La Société sera tenue d'établir des succursales dans les chefs-lieux des départements, et d'avoir des agents dans les chefs-lieux d'arrondissement.

Capital Social, Actions.

Le capital social pour la première émission de billets sera de trente millions, savoir :

Pour les frais d'établissement et le fonds de
roulement. . . . . fr. 5,000,000

Pour être employé en rentes 3 p. 0/0 achetées
à la Bourse 25,000,000

Total. . . .   fr. 30,000,000

L'Etat fournira en numéraire. fr. 1,250,000 }
Les fondateurs de la Société. .   3,750,000 } fr. 5,000,000

Le capital sera complété par une retenue de 5 p. 0/0 sur les prêts hypothécaires, laquelle sera immédiatement employée à l'achat de rentes 3 p. 0/0. Cette retenue cessera lorsqu'elle aura atteint la somme nécessaire pour compléter le capital.. . . . . fr. 25,000,000

Total pareil. . . . .   fr. 30,000,000

Le capital sera divisé en trois cent mille actions de mille francs, nominatives et négociables par voie de transfert.

Les douze cent cinquante mille francs fournis par l'Etat profiteront aux actionnaires fondateurs ; en conséquence, il leur sera délivré une action de mille francs pour chaque somme de sept cent cinquante francs qu'ils verseront.

Il sera délivré, aux emprunteurs, des actions de la Banque pour la retenue de 5 p. 0/0. Lorsque la retenue ne s'élèvera pas à mille francs, ou pour les appoints, il leur sera remis des promesses d'actions jusqu'à réunion de la somme nécessaire pour compléter une action.

Si la Société obtient l'autorisation d'augmenter ses émissions de billets, le supplément du capital qui deviendra nécessaire sera formé au moyen de la continuation de la retenue de 5 p. 0/0 sur les emprunts jusqu'à ce que le capital soit complété.

Des Prêts hypothécaires.

La Banque prêtera sur hypothèque jusqu'à concurrence de la moitié de la valeur des immeubles.

Les prêts seront faits pour un temps qui ne pourra être moindre d'un an, ni plus long que cinq ans.

Les prêts pourront être successivement renouvelés jusqu'à l'expiration de la Société.

Chaque renouvellement donnera lieu à une expertise des immeubles, et à une prorogation notariée.

Les intérêts à raison de 3 p. 0/0 l'an seront payables de six mois en six mois.

Pour faciliter le recouvrement des intérêts, l'emprunteur souscrira des billets au profit de la Banque pour le montant de chaque semestre d'intérêts.

Ces billets seront dispensés du timbre.

L'emprunteur paiera, lors du prêt:

1° Un droit au profit de la Banque d'un 1/2 p. 0/0 pour frais d'administration;

2° Tous les frais de l'obligation, c'est-à-dire l'enregistrement, le papier timbré, les frais d'inscription et les honoraires du notaire.

En cas de renouvellement du prêt, l'emprunteur aura le même droit de 1/2 p. 0/0 à payer, et les frais de prorogation.

L'emprunteur justifiera de l'assurance des constructions et des bois taillis ; il prendra l'engagement de payer la prime d'assurance, et de justifier du paiement des primes à première réquisition.

Les demandes d'emprunt seront faites par l'entremises des notaires.

Aucun emprunt ne sera traité directement par la Banque avec l'emprunteur.

Le notaire qui fera la demande sera chargé de rédiger le contrat d'emprunt. Il sera responsable envers la Banque au même degré qu'il le serait maintenant pour un prêt qu'il ferait faire.

Le prêt sera autorisé à Paris par un conseil qui sera constitué à cet effet.

Le conseil donnera son autorisation sur un rapport de trois experts.

Les experts attachés à la Banque fourniront un cautionnement en actions de la Banque, et pourront être déclarés responsables de leurs estimations.

Dans les chefs-lieux de chaque département, un conseil composé d'aumoins trois membres sera, comme à Paris, chargé d'examiner les demandes d'emprunt, et de les autoriser après rapport de trois experts attachés à l'administration et solidairement responsables.

Pour être membre du conseil chargé d'autoriser les emprunts, il faudra être propriétaire d'un nombre déterminé d'actions de la Banque.

Des inspecteurs seront chargés de vérifier la valeur des immeubles hypothéqués.

Dans le cas où, sur une demande en renouvellement de prêt, la nouvelle expertise des biens hypothéqués ferait connaître une diminution de valeur, ou qu'il a été trop prêté, le débiteur sera tenu de rembourser immédiatement la portion de la somme prêtée, pour laquelle le renouvellement du prêt ne pourra avoir lieu. Si ce remboursement n'est pas fait de suite, la Banque sera autorisée à poursuivre le remboursement de sa créance par voie d'expropriation.

La Banque ne pourra refuser les demandes d'emprunt qui lui seront faites tant qu'elle n'aura pas atteint le chiffre limitant ses émissions de billets, à moins de motifs fondés résultant des questions de droit.

L'emprunteur pourra faire décider par les tribunaux que le refus est mal fondé.

La Société cessera de faire des prêts ou des renouvellements à partir de la fin de la dixième année de son existence.

Les cinq dernières années seront entièrement employées à la liquidation de la Société, et au remboursement des billets de la Banque, ainsi qu'il sera dit ci-après.

Des Intérêts.

Les billets d'intérêts souscrits par les emprunteurs seront payables dans les chefs-lieux ou dans les principales villes des départements, au domicile de l'agent ou correspondant de la Banque, où les fonds devront être faits par les emprunteurs.

Les intérêts seront payés les 1er janvier ou 1er avril ; 1er juillet ou 1er octobre de chaque année, et toujours de six mois en six mois, en faisant un décompte pour la première échéance.

Les billets d'intérêts pour les emprunteurs demeurant à Paris, seront payables au domicile du souscripteur où ils seront présentés à l'échéance.

A défaut de paiement dans les quinze jours, des poursuites seront dirigées contre les débiteurs qui seront tenus de payer les intérêts du retard à raison 5 p. 0/0 l'an.

Après un commandement resté infructueux pendant un mois,

le capital sera exigible, et le remboursement sera poursuivi judiciairement par voie d'expropriation.

Les 5/6 des intérêts recouvrés seront versés au trésor public au profit de l'Etat.

Billets au Porteur de la Banque.

Les billets seront de 1,000, 500, 200 et 100 francs.

Les billets seront échangés à la volonté des porteurs ; ceux plus élevés contre de moindres, et ceux-ci contre des billets d'une somme plus forte.

La Banque immobilière ne pourra émettre des billets que pour le montant des prêts effectués.

Elle aura deux caisses distinctes.

L'une dite : *des capitaux*, pour faire les prêts et recevoir les remboursements.

L'autre dite : *des intérêts*, chargée de percevoir les intérêts, faire les versements au Trésor, payer les frais d'administration, les dividendes et les dépenses générales.

Les remboursements seront faits à la Banque immobilière, soit en ses propres billets, soit en billets de la Banque de France, ou en monnaie légale ayant cours.

Les billets de la Banque de France et le numéraire versés à la caisse des capitaux, pour remboursements de prêts, seront immédiatement déposés à une caisse spéciale, chargée de changer les billets de la Banque immobilière jusqu'à concurrence de son encaisse.

Les espèces dont cette caisse pourra disposer seront affectées uniquement au change des billets de cent francs.

Les billets au porteur de la Banque immobilière seront tous remboursés et retirés de la circulation dans les cinq dernières années de l'existence de la Société. Elle remboursera ses billets en circulation, successivement et au fur et à mesure des remboursements qui lui seront faits en d'autres valeurs que ses billets.

Les billets de la Banque immobilière continueront à avoir cours forcé pendant les cinq années de la liquidation. A l'expiration desdites cinq années, ils cesseront d'être monnaie légale, et ne pourront être remboursés qu'à Paris.

Il y aura prescription au bout de trente années, à partir du jour de la constitution de la Société.

Bénéfices.

Les bénéfices de la Société se composeront :

1° De l'indemnité de demi pour cent, à payer par l'emprunteur pour frais d'administration à l'époque du prêt, et en cas de prorogation du remboursement.

2° Du sixième des intérêts attribué à la Banque.

Sur ces bénéfices, on prélèvera d'abord les frais d'administration, tous les frais généralement quelconques, et les pertes s'il y en a ; le surplus, sous la déduction du dixième, qui sera prélevé pour former un fonds de réserve destiné à faire face aux frais de la liquidation, sera partagé entre tous les actionnaires au prorata des actions émises.

Les comptes seront arrêtés tous les six mois.

Les dividendes seront payés les 1er avril et 1er octobre.

Liquidation de la Société.

A partir de la fin de la dixième année de sa constitution, la Banque immobilière ne fera plus aucun prêt ni renouvellement; elle s'occupera uniquement de sa liquidation.

Elle remboursera ses billets en circulation, ainsi qu'il a été dit ci-dessus, successivement et au fur et à mesure des remboursements qui lui seront faits en d'autres valeurs que ses billets.

Les frais de liquidation seront supportés par l'Etat pour moitié et par la Banque immobilière pour l'autre moitié.

Les valeurs de la Société seront réalisées, et le produit après le paiement de toutes les dettes sociales, sera partagé entre tous les actionnaires au prorata de leurs actions.

Il ne pourra être formé une Société pour remplacer la Banque immobilière que dans la dixième année après sa constitution.

Si la Banque immobilière obtient l'autorisation de continuer ses opérations pendant une nouvelle période de 15 années à partir de la dixième année de son existence, elle devra néanmoins liquider complètement son ancienne Société, et retirer entièrement de la circulation les billets émis dans la première période de ses opérations.

Bénéfice présumé de la Société.

Le capital de vingt-cinq millions à employer à l'achat de rentes 3 p. 0/0, en admettant que le cours s'élève jusqu'à 75 p. 0/0, donnera un revenu de 1,000,000

En supposant que l'emploi de la totalité des billets au porteur, soit de 600 millions, les intérêts annuels s'élèveront à dix-huit millions, ci.   18,000,000

A déduire, les cinq sixièmes attribués à l'Etat, soit quinze millions (*a*) ci.   . 15,000,000

Reste pour la Société trois millions.   3,000,000   3,000,000

A reporter. 4,000,000

(*a*) Si les prêts s'élèvent à un milliard, la part de l'État sera vingt-cinq millions, non compris les droits d'enregistrement, qui produiront de deux à trois millions.

Le projet ci-dessus n'exige aucun changement à la législation sur les contrats et obligations, et sur les hypothèques.

Report.   4,000,000

Le prélèvement de 1/2 p. 0/0 sur les prêts et sur
le renouvellement, en les supposant tous de cinq
ans, produira sur un capital de six cent millions en
cinq ans trois millions, soit pour une année, six
cent mille fr., ci   600,000

Total.   4,600,000

A déduire pour les frais d'administration, tant à
Paris que dans les départements, et débours divers.   1,600,000

Bénéfice net.   3,000,000

Soit dix pour cent du capital, sauf les pertes sur les immeubles
évalués au-dessus de leur valeur, et vendus par expropriation
forcée.

———

Dans le projet présenté par la Société centrale des propriétaires,
le prêt étant fait par l'Etat directement, il n'y aurait pas d'obligation notariée, l'hypothèque serait inscrite sur la déclaration de
l'emprunteur. Cette disposition est contraire aux lois. Suivant le
projet ci-dessus, une obligation serait souscrite pour chaque prêt
au profit de la Banque immobilière, en conséquence, l'intervention
d'un notaire serait indispensable. Il en résulte il est vrai une
augmentation de frais pour l'emprunteur. Cette augmentation
répartie sur les cinq années pour lesquelles en général les prêts
seront faits, sera fort peu de chose pour l'emprunteur. Certaines
économies, dont on fait grand bruit, sont trop faibles pour être
utiles à ceux qui en profitent et portent un grave préjudice aux

membres de la Société qui en souffrent. En détruisant le produit des charges ou du travail, on détruit la fortune publique qui ne se compose que du gain et des revenus des particuliers.

En rédigeant le projet qui précède, je ne me suis pas dissimulé tous les inconvénients attachés à la création d'une somme considérable de billets au porteur, représentant la propriété immobilière, et qui viendront en concurrence avec les billets de la Banque de France. Probablement la Banque de France ne conservera pas dans ses caisses les billets de la Banque immobilière qu'elle aura reçu en paiement, et ne se servira de ses propres billets qu'après avoir passé ceux de la Banque immobilière, les paiements se feront donc généralement dans cette dernière valeur.

De deux choses l'une : ou les billets de la Banque de France inspireront plus de confiance, et on les conservera au fond de sa caisse pour payer avec les billets de la Banque immobilière, ou au contraire, ceux-ci seront préférés, et on les conservera pour payer comme maintenant, en billets de Banque.

Je me demande si l'émission de plusieurs centaines de millions en billets de la Banque immobilière, n'aura pas pour effet de faire disparaître le numéraire, et peut-être de le faire passer à l'étranger.

Cependant, le commerce souffre, les emprunts hypothécaires sont devenus impossibles même aux conditions les plus onéreuses, les propriétés immobilières sont dépréciées, et par la baisse des fonds publics, et les désastres de la Banque, les fortunes mobilières sont réduites de moitié. Il faut faire quelque chose pour sortir de cet état il faut tâcher de créer un autre capital pour remplacer celui détruit par les évènements et la réduction des valeurs mobilières. Ne pourrait-on pas faire un essai de la Banque immobilière, pour Paris et le département de la Seine seulement, en réduisant à cent millions les billets au porteur qu'elle serait autorisée à émettre. Si cet essai réussit, on l'étendra aux départements. Si on reconnait qu'il y a du danger à continuer la Banque immobilière, on ne renouvellera pas son privilège, qui, je l'espère, contribuerait pour le moment au rétablissement du crédit et des affaires industrielles et commerciales.

Paris, le 6 août 1848.

L. Thérouenne DELARBRE.

Paris. — Typographie et Lithographie de A. APPERT, passage du Caire, 54.